AF358334

LA
PAIX NÉCESSAIRE

RÉPONSE D'UN FRANÇAIS

A M. Camille DREYFUS

Député de la Seine

Par UN OFFICIER EN RETRAITE

« L'esprit de la Révolution, au de-
hors, ne demande l'influence de la
République française dans le monde
qu'au progrès pacifique et à l'expansion
des idées. Il n'admet la guerre que
pour la défense de la Patrie. »

▪ Elections législatives du 4 oc-
tobre 1885. — Union de la Presse
radicale socialiste.

« *Vu :* Les Candidats,
▪ Camille DREYFUS, etc., etc. »

PRIX : 1 FRANC

PARIS
IMPRIMERIE HENRI NOIROT
22, RUE DE L'ABBAYE, 22

1890

LA

PAIX NÉCESSAIRE

RÉPONSE D'UN FRANÇAIS

A M. Camille DREYFUS

Député de la Seine

C'est avec une attention soutenue que l'on a lu *La Guerre nécessaire*, brochure que l'on considère beaucoup plus comme un ballon d'essai lancé en vue du renouvellement des traités de commerce, que comme une manifestation sérieuse devant inévitablement aboutir à la rupture des relations diplomatiques entre l'Allemagne et la France.

Comme on devait s'y attendre, cette publication a fait quelque bruit au-delà des Vosges, fourni une nouvelle occasion à la presse gallophobe d'agiter son tonnerre des grands jours contre l'ennemi héréditaire.

De plus, les journaux officieux de l'ex-chancelier en ont tiré profit pour interpréter les récentes interviews que M. de Bismarck avait accordées à des correspondants étrangers. Ils déclarent que c'est pour assurer une paix, que d'autres menacent, que le véritable collaborateur de l'empereur Guillaume Ier a cru devoir parler et que tout ce qui a été dit était parfaitement légitime et sage.

La brochure de M. Camille Dreyfus a donc produit deux effets contraires chez nos voisins. Pendant que la *Gazette de la Croix* ne parle de rien moins que de prendre les devants, de s'emparer demain de la Haute Alsace, de faire occuper la *mauvaise* garnison de Belfort par les Prussiens, de boucher immédiatement *la fameuse trouée*, le *Hambourger Nachrichten* donne des assurance de paix que le correspondant du *Petit Journal* a si remarquablement indiquées ces derniers jours.

Les appréciations des Allemands nous laissent complétement froid. Nous avons l'assurance que l'honorable député de la Seine n'a pas cru trouver des auxiliaires, en vue de l'application d'un nouveau genre de *casus belli*, dans un pays qui, au moins autant que le nôtre, a besoin de repos, de tranquillité pour résoudre les grands problèmes d'ordre social qu'une délégation française est allée étudier dernièrement à Berlin. Il y est pourtant arrivé.

Aussi, en fait, nous pensons qu'il aurait peut-être mieux valu se conformer aux principes, mis en honneur chez les diplomates; ils consistent simplement à se taire.

Puisque l'on a parlé, nous allons essayer de répondre pour chercher à rassurer ce pays sur tout le bruit qui s'est fait autour d'une brochure qui, certainement, a dû troubler la quiétude des membres de « la Ligue de la Paix », dont M. Frédéric Passy est le président honoré, notre camarade Jules Levallois, le secrétaire convaincu. Dans cette entreprise, on calmera, autant que possible, les battements du cœur, dont la circulation n'en restera pas moins entretenue par les chaudes braises des épreuves et des souvenirs, par le feu vivace des espérances. On n'envisagera cette publication qu'avec les yeux, afin de chercher un enseignement dans les leçons du passé et du présent, pour voir comment on peut préparer la France, sans secousse, sans forfanterie, sans tapage et réclame, aux éventualités d'une guerre que nous considérons comme inutile en ce moment, inévitable dans un avenir plus ou moins éloigné. Il faut regarder le temps comme un collaborateur nécessaire de la raison, lui laisser le soin d'indiquer l'heure où de légitimes revendications pourront sérieusement se produire.

Par une singulière coïncidence, *La Guerre nécessaire* a paru en même temps qu'un article fort remarqué du *Journal des Débats* sur *Rome et Berlin*, ouvrage publié, il y a quelques années, chez Berger-Levrault, dans lequel l'au-

teur anonyme étudie le rôle problématique des *Opérations
sur les côtes de la Méditerranée et de la Baltique.*

Le rédacteur très distingué du *Journal des Débats*, dit
qu'il a été engagé à revenir sur cette étude à propos de
toutes les élucubations parues au sujet de batailles ima-
ginaires, espèces de pastiches dus, le plus souvent « à
la plume d'honnêtes civils qui s'affublent, pour la circons-
tance, du pseudonyme sonore de général X... ou du commandant Z... »

Tel n'est pas le cas de l'auteur de la *Guerre nécessaire;*
il embouche résolument le clairon des batailles, sonne
gaillardement la charge. Chevalier de la Légion d'honneur,
député d'une circonscription du département de la Seine,
membre de la Commission de l'armée, rapporteur d'un
projet de loi sur les cadres de la réserve et de la territoriale, il signe de son nom la brochure dans laquelle il engage
le pays à faire immédiatement la guerre, à laisser défini-
tivement sur le marbre tous les clichés concernant les con-
ceptions pacifiques dont on nous entretient depuis si longtemps. Il est assez modeste pour ne pas se lancer dans les
grandes et interminables considérations sur la conduite
des armées, pour laisser dans l'ombre les leçons de stra-
tégie et de tactique modernes.

Comme législateur, il porte, à l'instar du vieux romain,
la paix et la guerre dans les plis de sa toge et n'hésite pas
à jeter, sur le tapis de son cabinet, le brandon qui doit
mettre le feu aux poudres de l'Europe entière pour éclairer
de sinistres lueurs l'horizon politique. Son argumentation
en vue d'ouvrir, à nouveau, le temple de Janus, est em-
preinte du plus pur patriotisme, mais semble ne pas répondre exactement à la situation actuelle du pays. C'est
ce que l'on cherchera à démontrer dans ces pages, où les
tendances éclectiques et conciliatrices ne doivent être con-
sidérées que comme une nouvelle consécration d'un vieil
adage toujours d'actualité : *Si vis pacem, para bellum.*

Le langage que l'on va tenir, répond-il aux sentiments
réels du pays? Nous le croyons. Aussi, le spectacle de
notre régénération, l'attention que le législateur et le gouvernement portent aux réformes, que l'on considère comme
les plus urgentes, permettent de donner une autre épi-

graphe à ce travail, vérité empruntée à ce passage d'une profession de foi adressée, en 1869, par M. E. Renan à ses électeurs :

« Pas de révolution ; pas de guerre. Une guerre serait aussi funeste qu'une révolution. »

L'auteur de la *Paix nécessaire* doit s'attendre à ce que son travail soit l'objet de critiques sévères, à entendre les gagneurs de batailles en chambre l'accuser de manquer de patriotisme, de faire le jeu de la triple alliance, etc., etc. Il ne se laissera pas distraire par ces querelles, fera ses efforts pour déchirer les bandelettes dorées, dont on couvre une des grandes plaies de la France, afin de montrer le mal sous son véritable aspect. Ne peut-il pas, du reste, trouver son excuse dans l'enthousiasme du peuple de Paris, lors du départ de Napoléon III, en 1870, pour aller se mettre à la tête de l'armée, dont on accompagnait les bataillons aux cris retentissants de « à Berlin ! » ?

Se plaçant au-dessus de tous les partis, il livre simplement à l'appréciation du public impartial une œuvre de bonne foi. Elle n'est, du reste, que l'écho affaibli des déclarations des candidats aux élections législatives de 1885 et de 1889 et reflète, par conséquent, l'opinion du pays.

Dans les *Caractères*, au chapitre du *Souverain ou de la République*, La Bruyère dit : « La guerre a pour elle l'antiquité, elle a été dans tous les siècles, on l'a toujours vu remplir le monde de veuves et d'orphelins, épuiser les familles d'héritiers, et faire périr les frères à une même bataille.

« De tout temps, les hommes, pour quelques morceaux de terre de plus ou de moins, sont convenus entre eux de se dépouiller, se brûler, se tuer, s'égorger les uns les autres; et, pour le faire plus ingénieusement et avec plus de sûreté, ils ont inventé de belles règles qu'on appelle l'art militaire; ils ont attaché à la pratique de ces règles la gloire, ou la plus solide réputation; et ils ont depuis enchéri, de siècle en siècle, sur la manière de se détruire réciproquement. De l'injustice des premiers hommes, comme de son unique source, est venue la guerre, ainsi que la nécessité où ils se sont trouvés de se donner des maîtres qui fixassent leurs droits et leurs prétentions. Si, content du sien, on eût pu s'abstenir du bien de ses voisins, on avait pour toujours la paix et la liberté. »

Ce tableau, tracé avec des couleurs assez sombres, peut avoir de la valeur aux yeux des classiques, mais les teintes en paraissent bien pâles aux hommes qui envisagent la guerre future sous son véritable jour et ne se font pas d'illusion sur ses résultats. Lorsque la frontière sera éclairée par le feu des bivouacs, on doit s'attendre à la danse infernale et, comme au temps du Fléau de Dieu, le nombre des morts sera si grand dans les rangs des deux armées que les cadavres auront de la peine à tomber à terre. Dernièrement un général très en vue disait : « Quand le premier coup de canon sera tiré, la France combattra avec son dernier homme, son dernier fusil, ses dernières ressources; chaque citoyen en état de porter les armes n'aura à choisir qu'entre une mort glorieuse ou la Cour martiale. »

En présence de cette éventualité de « la vie » des nations, de l'augmentation continuelle des effectifs, des progrès de la science, il est nécessaire de chercher à avoir tous les atouts dans la main pour gagner une partie, dont l'enjeu est la défaite totale de l'adversaire, la destruction complète de son armée, la ruine d'un pays.

Cette perspective doit donner aux gouvernements une certaine appréhension au point de vue de la responsabilité qui leur incombera le jour où deux peuples seront jetés l'un contre l'autre, à réfléchir à celui qui, après avoir assisté aux grandes batailles sous Metz, sait que les hécatombes de 30.000 hommes n'ont été que des jeux de princes en comparaison de ce qui se passera dans les premières rencontres, où chacun travaillera, par des *moyens violents*, à effacer de la carte de l'Europe la place occupée par son adversaire.

M. Camille Dreyfus a-t-il réfléchi à tout cela, lorsqu'il a écrit sa brochure, dans laquelle il y a des informations intéressantes sur les traités de commerce, les tarifs de douane, le recul de la marchandise française, l'envahissement de la marchandise allemande « serrant de près et prenant peu à peu possession des différents marchés européens et même du marché intérieur de la France ? »

A l'appui de cette thèse, que nous n'avons pas qualité pour discuter, se trouve un graphique qui, à notre avis, n'est pas un argument sérieux pour déclarer la guerre à l'Allemagne nous menant tout droit « à un Sedan économique ». La question budgétaire, celle du déficit, les appréciations sur les dangers d'une paix armée, « la proie que l'on rend facile aux agriculteurs et aux industriels du Nouveau-Monde » peuvent entrer en ligne de compte dans les causes invoquées par l'auteur de *La Guerre nécessaire* ; elles ne nous paraissent que très secondaires au point de vue de la critique que l'on fera de cette brochure, dans laquelle on trouve, au chapitre IX par exemple, des vérités par trop paradoxales dont quelques-unes ne dépareilleraient pas la collection des maximes légendaires d'un maréchal de France du XVI° siècle.

Notre attention ne se portera donc pas sur la question économique, parce que nous n'avons aucune autorité pour la traiter. Nous nous bornerons à dire que, d'après nos renseignements, tout le monde, en France, attend avec anxiété le jour où il sera donné à notre armée de défiler sur les places de deux grandes villes arrachées au giron de la mère patrie. Pour arriver à ce résultat, il faut se souvenir d'un vieux proverbe italien qui prétend que quand on va lentement on va sagement. C'était la théorie de Gambetta.

C'est un rude compte à dresser que celui des guerres, et elles ont un grand besoin de réussir dans ce qu'elles ont de légitime et de salutaire pour avoir droit de demander qu'on ne leur reproche pas ce qu'elles ont coûté.

La situation présente sera uniquement considérée à un point de vue : celui de savoir si l'éducation militaire a fait de sérieux progrès, si la politique n'a pas constamment enrayé certains rouages de la machine pour en empêcher le fonctionnement régulier.

II

« Il y aura dix-huit ans bientôt que la France, momentanément abattue par l'ennemi héréditaire, a entrepris l'œuvre de réorganisation militaire qui lui a rendu sa prépondérance en Europe. Quand on examine les tatonnements dans lesquels s'est effectuée cette résurrection, on est obligé de constater la vitalité du pays.

A la dernière page de son livre sur la *Guerre en Province*, M. Ch. de Freycinet, ancien délégué du ministre de la Guerre à Tours et à Bordeaux, écrivait au lendemain de la signature de la paix :

« Et maintenant, dirai-je : O mes concitoyens, hâtons-nous, le temps presse ; de nouveaux malheurs menacent la France. Ne nous laissons pas prendre au dépourvu ! Et que l'histoire, enregistrant un jour la ruine d'un grand empire, ne puisse pas dire de nous : *Ils perdirent leur temps à disputer pendant que l'ennemi campait sur leur territoire.* »

Ces sages conseils ont été écoutés. Tous les partis, oubliant un instant les discordes, songèrent qu'il y avait un terrain sur lequel l'universalité des bons citoyens devaient s'entendre : la réorganisation de la patrie meurtrie. Si terrible qu'eût été la chute, on était loin, pourtant, de l'anéantissement auquel avait été réduite la Prusse après 1806. L'exemple de cette vaincue d'hier, de cette triomphante d'aujourd'hui, donnait du cœur au plus découragé, prouvait qu'avec de la patience, du travail, de la ténacité, une nation se relève toujours des ruines matérielles.

Seules les ruines morales sont irréparables.

La Prusse avait mis soixante ans pour retrouver sa suprématie en Allemagne ; on pouvait espérer qu'avec de la bonne foi, de l'énergie et avec de l'argent, notre pays mettrait beaucoup moins de temps à reconquérir sa suprématie en Europe. Les progrès de la science, la transformation des armes à feu, la nécessité d'adopter des formations tactiques nouvelles, imposaient un remaniement complet de notre état militaire. Le recrutement lui-même dut être modifié ; le système des armées dites nationales sembla être celui duquel on pouvait seulement espérer les effectifs énormes avec lesquels seront actuellement conduites les guerres de peuple à peuple. On avait vivement été frappé, en France, de ces *millions d'hommes*, que M. Thiers avait déclaré non seulement *fantastiques*, mais encore *fantasmagoriques*, lors de la discussion de la loi de 1868, qui, pourtant, existaient, puisqu'ils venaient d'envahir la France sous le drapeau prussien, qu'ils couvraient encore une part e de notre territoire.

Nous avions été battus en 1870 pour des causes multiples que chacun se plaisait à énumérer. Il fallait donc faire table rase de ce qui existait à cette époque, reconstituer, à nouveau, un système entier, absolument neuf. Autant on avait peu étudié ce qui se passait en Allemagne avant la guerre, autant, après nos défaites, il fut de bon goût de ne plus jurer que par les étrangers. La Prusse avait le service obligatoire et le volontariat d'un an ; il fallait introduire en France le volontariat et le service obligatoire. L'armée devenant nationale, un contingent de 150,000 hommes disponibles sur 300,000 inscrits était susceptible de passer chaque année sous les drapeaux, il devenait nécessaire de fixer le temps du service militaire, en faisant concorder ces chiffres d'années de présence et d'effectifs avec les ressources du budget.

De là, la loi du recrutement de 1872 votée par l'Assemblée nationale.

Quand on eut décrété le service obligatoire et personnel, lorsqu'on voulut passer de la théorie à la pratique, on s'aperçut que le budget de la guerre, si énorme qu'il fût déjà, n'était pas de taille à supporter les cinq classes de 150,000 hommes que chaque année fait passer sous les drapeaux. On eût eu ainsi 750.000 hommes présents à la fois sous les armes, alors que nos finances ne nous permettent pas d'en entretenir plus de la moitié.

De là l'obligation de trouver un biais, un joint, un moyen détourné, de concilier le principe de la loi avec les nécessités budgétaires ; de là la division du contingent en deux parties ; la première appelée à faire effectivement cinq ans, la deuxième convoquée sous les drapeaux seulement pendant six mois ou un an.

Immédiatement, cette loi de 1872 a été battue en brèche. Le jour même de sa promulgation, on en appelait « du jugement du présent aux expériences de l'avenir. » On la considérait comme une production hybride, dans laquelle l'obligation du service personnel était décrétée sans être appliquée en fait.

On entreprit alors la campagne que l'on sait pour arriver au service obligatoire à court terme, maximum trois ans, étendu à toute la jeunesse française, régi par des principes nouveaux, assujetti à un nouveau mode d'exécution.

De là cette multitude de projets et de propositions tendant à l'abrogation de la loi du recrutement, qui n'ont abouti qu'en 1889 par le vote de la loi du 15 juillet, dont on ne peut encore apprécier le mécanisme, les résultats sérieux ; l'application en semble même assez difficile. Aussi, croyons-nous que le moment serait mal venu de se jeter dans les aventures d'une guerre que nous ne croyons pas aussi nécessaire qu'on veut bien le dire, et qui, dans tous les cas, nous trouverait en pleine transformation de notre état militaire, non seulement au point de vue du recrutement, mais encore des modifications à apporter à la législation actuellement en vigueur, service d'état-major, les cadres et les effectifs, avancement, armée coloniale, etc., etc.

Un peuple sage, corrige et amende ses institutions en voyant à leur fonctionnement l'endroit où elles pêchent et en remaniant les points défectueux. Mais il faut agir avec beaucoup de précaution, se méfier surtout des utopies dangereuses qui séduisent de loin et, vues de près, apparaissent dans leur triste réalité. Méfions-nous de nos nerfs!

III

Un des écrivains militaires les plus remarquables de notre époque, M. le commandant Félix Bonnet a dit dans les *Résumé et Commentaires de l'ouvrage du grand état-major prussien*, en parlant de la situation de la France en 1870 : « L'armée était une nation dans la nation. Exaltée, adulée en temps de guerre, elle était en temps de paix en butte à toutes sortes de vexations et d'avanies. Le luxe toujours croissant, la richesse toujours plus grande des commerçants les amenaient à dédaigner et même à mépriser les officiers, à qui leur solde ne permettait pas de lutter avec eux de luxe et d'élégance. Les passions fomentées par les questions sociales, excitées par les clubs radicaux et l'Internationale, poussaient chaque jour la populace à insulter l'armée. On la tournait en ridicule sur le théâtre. Au Corps législatif on demandait tous les ans la suppression des armées permanentes, ou au moins la réduction des effectifs, etc., etc. »

Aujourd'hui que l'armée est la nation elle-même, que le service obligatoire appelle tout le monde à en faire partie, que les bases de notre organisation militaire sont en rapport avec les lois naturelles de la démocratie, l'état des esprits, dont il vient d'être parlé, est-il modifié? Personne n'osera répondre par l'affirmative.

L'auteur de *La Guerre nécessaire* parle du dévouement des officiers et de la valeur des troupes; il a raison. Il passe sous silence « les incidents militaires » qui sont devenus une des rubriques les plus suivies de la presse demandant sans cesse des enquêtes sur des faits qui relèvent du commandement que l'on tient toujours en suspicion. Ignore-t-il donc qu'il n'y a pas d'armée possible, si le chef ne jouit pas de la considération entière de ses subordonnés?

L'exemple est là pour le prouver. Après avoir créé « la légende du glorieux Bazaine » n'a-t-on pas vu l'opinion publique jeter aux gémonies celui qu'elle avait mis sur le chemin du Capitole, englober l'armée entière dans la juste réprobation qui venait frapper le commandant en chef de l'armée du Rhin? N'est-ce pas l'opinion publique qui, pendant la Défense nationale, a exigé le remplacement des généraux blanchis sous le harnais, désigné de nouveaux commandants d'armée, de divisions, de brigades, dont la bonne volonté et le dévouement n'ont pas toujours été à hauteur de la mission qu'ils avaient à remplir, parce qu'ils n'avaient aucune connaissance des principes de la guerre.

On fait appel à la mémoire de Chanzy et de Faidherbe, de ces deux vaillants qui voyaient leurs efforts paralysés par la faute de lieutenants, dont la présomption n'avait souvent d'égale que leur ignorance des choses du métier. Dans la *Guerre en province*, M. Ch. de Freycinet l'a dit : « Nous avons cédé aux préjugés de nos concitoyens et c'est là le vrai tort que nous avons eu. »

Sous ce rapport, les leçons du passé n'ont donc servi à rien? Aujourd'hui, comme en 1870, l'armée est ballottée par les caprices de la politique, en butte aux mêmes attaques qu'avant la guerre.

Quand paraissait la brochure de M. Camille Dreyfus, quelques journaux entreprenaient une campagne violente contre le successeur de l'amiral Dupetit-Thouars au commandement de l'escadre de la Méditerranée. On disséquait son passé; faisant litière de ses états de service, on allait jusqu'à l'accuser d'avoir profité de ses relations au ministère de la marine pour falsifier les pièces contenues dans son dossier. Les acclamations des marins, la réception faite par les officiers, ont vengé le vice-amiral Duperré des insinuations d'une certaine presse qui réserve toute son admiration pour les héros de la Commune.

Ne sait-on pas aussi qu'un général, dans qui l'armée met toute sa confiance pour la lutte terrible, celui qui, à la tête de la division Margueritte, a arraché au roi de Prusse ce cri à jamais légendaire : « Ah! les braves gens! » a été traîné sur la claie par un ancien colonel de fédérés, dans une feuille dirigée alors par le futur lieutenant en premier de M. Boulanger contumax. Les électeurs de Paris n'en ont pas moins nommé ce journaliste membre du Conseil municipal.

On pourrait multiplier ces exemples pour montrer que l'on n'a rien appris depuis la guerre. Ceux qui sont venus sous notre plume nous permettent de féliciter le gouvernement de n'avoir pas prêté l'oreille aux calomnies, d'avoir donné une preuve de la haute et légitime confiance qu'il met dans deux chefs des armées de terre et de mer en vue de la guerre future. Il les a placés aux postes d'honneur; tous les Français, véritablement dignes de ce nom, doivent lui en savoir gré.

L'esprit guerrier vit toujours, mais l'esprit militaire a perdu du terrain. Voilà ce qu'il faut dire, ce qu'il faut répéter, afin de modifier, autant que possible, le caractère national. En faisant passer tous les citoyens sous l'habit militaire, on doit leur apprendre à l'honorer dans ceux qui le portent.

Le souvenir de nos malheurs, l'organisation actuelle, sont deux facteurs essentiels du succès, mais perdraient de leur valeur si l'esprit de dénigrement venait à déborder de la nation dans l'armée. Voilà où est le danger. C'est à la presse, dont M. Camille Dreyfus est un des représentants les plus autorisés, à le faire disparaître, tout au moins à l'atténuer, en vue de l'époque plus ou moins éloignée où, les armes à la main, on aura le droit de parler des légitimes revendications. Jusqu'à présent, on ne doit avoir que la paix en perspective pour permettre à la nation de méditer sur le passé, de corriger ses défauts.

Le champ des récriminations contre la presse, à propos des événements de 1870-71, est assez vaste pour qu'on y puise des arguments en faveur de la cessation des hostilités contre l'armée, dont certains journaux se font une réclame. Il suffit d'y faire allusion pour espérer que l'on comprendra enfin que les vrais patriotes n'ont pas accepté seulement l'amnistie de fait, mais encore et surtout l'amnistie morale qui devrait effacer de notre mémoire certains souvenirs de l'année terrible, pour nous engager à mieux faire dans le présent en vue de consolider l'édifice grandiose de notre état militaire, que des mains profanes seules peuvent chercher à ébranler.

Avant de faire la guerre, qu'on commence donc par imposer le respect à l'armée. Détournons les yeux de scandales trop nombreux qui, depuis quelques années, assurent un succès de librairie à certains écrivains trouvant des défenseurs dans une classe de la société habituée aux jouissances du présent, sans penser sérieusement aux épreuves sanglantes que l'avenir nous réserve.

La discipline fait la force principale des armées; mais cette discipline ne peut être efficace qu'à la condition que les ordres seront exécutés littéralement, sans hésitation ni murmure, non d'après les principes d'une certaine école prêchant l'obéissance froide, réfléchie, discutée, école faisant des prosélytes aux dépens de la considération du grade, pouvant, si cela continue, compromettre la Défense nationale.

Il ne faut pas se payer de mots; les grands discours, les longs articles de journaux, les romans à sensation, n'empêcheront jamais de dire que le soldat ne marchera avec enthousiasme au danger, ne sera avide de victoire, que du jour où il aura l'assurance que son officier s'est engagé de sacrifier au bien de tous son propre bien.

On l'a dit, avec raison, l'armée est la force de l'État à l'extérieur comme au dedans. Aussi, le patriotisme nous prescrit-il de vouloir tout ce qui peut la rendre forte, de fuir tout ce qui tendrait à l'affaiblir.

Ce jour-là, on combattra avec la certitude du succès. Il faut donc attendre encore.

IV

Dans la *Nation armée*, le baron Colmar von der Goltz dit que les militaires ont peu de sympathie pour la politique. Blücker écrivait lors du Congrès de Vienne : « Oh! vous autres politiques, que vous connaissez mal les hommes! Ce bon Congrès de Vienne ressemble à une foire de petite ville où chacun amène son bétail pour le vendre et le changer. Nous y avons mené un beau taureau et nous en ramenons un pauvre bœuf chétif, à ce que disent les Berlinois. »

Ne peut-on pas appliquer, à notre époque, à propos de l'armée, cette appréciation du vieux sabreur. La politique a mis la main sur l'armée, ne la lâche pas. Les ministres qui, au nombre de dix-neuf, se sont succédé aux affaires de la guerre, ont été obligé de baisser pavillon devant les exigences parlementaires. Dès leur entrée dans le cabinet du grand hôtel de la rue Saint-Dominique, tous ont fait acte de bonne volonté, au moins pendant la semaine qui a suivi leur prise de possession du portefeuille, et dû se soumettre aux exigences des politiciens qui passent au crible des couloirs du Palais-Bourbon la réputation des généraux appelés à exercer un commandement. Ici, on fait ressortir l'insuffisance des uns, là, les qualités des autres. Les réputations, acquises sur le champ de bataille, dans la direction et l'instruction des troupes, ne trouvent pas grâce devant quelques députés se posant en faiseurs de chefs d'armée, en donneurs de conseils, menaçant le ministre d'une interpellation si le choix attendu ne répond pas à leurs espérances.

Si l'armée faisait attention à ces intrigues, à la campagne de la presse, elle ne tarderait pas à être convaincue qu'elle n'est commandée que par des incapables et que, le jour où l'on mettra des balles dans les fusils, que les sabres seront sérieusement affilés, elle est en droit de ne pas avoir confiance dans les officiers appelés à lui donner le point de direction. Si jamais un incident malheureux venait à se produire au début des hostilités, on ne manquerait pas de crier à la trahison pour en arriver bientôt à la débandade. Quand on sème le vent, il faut s'attendre à récolter la tempête.

Voilà la morale de cette manière de vouloir imposer des nominations, promotions et mutations militaires tout comme si l'on avait pris Sébastopol et sauvé la patrie.

En arrivant au ministère, Gambetta avait pensé que sa politique devait être celle de la France, la République ouverte à tous les Français qui se rallieraient à ses institutions et où seraient admis tous ceux, militaires ou civils, qui pourraient la servir. Il nomme le général de Miribel au poste de chef d'État-major général du ministère de la guerre ; le maréchal Canrobert et le général de Galliffet sont appelés à siéger au Conseil supérieur de la guerre. Immédiatement on crie à la trahison, à la dictature et les chefs de la *campagne de la peur* proclament que Gambetta voulait la guerre. Le cabinet, dont il était le chef dura trois mois et le 30 janvier, M. de Freycinet formait une nouvelle administration.

M. de Freycinet, en succédant à M. Tirard dans la présidence du Conseil des ministres a donné à M. de Galliffet le commandement d'une armée en temps de guerre, appelé M. de Miribel au poste de major-général d'armée. Après avoir été tenus en suspicion par les radicaux, ces deux généraux occupent enfin la situation qu'une quarantaine politique leur empêchait d'aborder au grand détriment de la chose militaire.

Quand on parle, aujourd'hui, de la nomination de M. de Miribel on cherche à atténuer l'opposition d'autrefois en disant qu'on avait combattu Gambetta, non à cause du collaborateur qu'il avait donné à M. le général Campenon, mais bien pour lui faire sentir le mécontentement qu'un certain parti avancé avait éprouvé en voyant adjoindre M. J.-J. Weiss au ministre des affaires étrangères. Ces excuses ne tiennent pas debout. Comme dans cette réponse, on ne s'occupe que de la question militaire, il est permis de dire que si, depuis sept ans, le chef d'état-major général de l'armée avait eu l'emploi, qui lui est actuellement assigné, la France ne se trouverait peut-être pas dans l'état de transformation actuel au point de vue de la mobilisation, des modifications à apporter à sa législation militaire.

Les députés ne versent pas des larmes de sang pour cela, n'en sont pas encore arrivés à se frapper la poitrine ; ils acceptent stoïquement la responsabilité du préjudice qu'ils ont porté à la défense du pays.

Du temps de Mazarin, tout finissait, en France, par des chansons. De nos jours, l'indifférence, l'acceptation du fait accompli tiennent lieu de tout. Voilà la grande morale du jour.

Le budget de la guerre est discuté par une Commission dont l'élément militaire est banni. C'est quelquefois un lieutenant de l'armée territoriale ou un ex-volontaire d'un an qui est chargé de donner des renseignements irréfutables sur la situation exacte de notre état militaire ? Aussi, on assiste à un singulier spectacle, quand un ministre de la guerre présente un projet, élaboré par l'administration centrale et les bureaux compétents, portant le chiffre exact des dépenses nécessaires, on lui demande, immédiatement, des réductions importantes. Pour ne pas contrarier le puissant aréopage, on s'empresse de s'incliner devant son ultimatum. Après ce sacrifice, fait certainement la mort dans l'âme, on se trouve en présence de crédits insuffisants et l'on a recours à tous les expédients pour assurer le *modus vivendi*. Les hommes sont envoyés en congé ou permission et l'on n'a plus que la belle façade d'un monument, rien derrière.

On imite les Allemands en toute chose en fait d'organisation militaire ; on ne cesse de parler de la force de leur armée. Qu'on médite donc alors ce passage d'un livre dû à la plume d'un de leurs écrivains le plus en renom : « On aura beau convenir que les sacrifices que font les nations pour perfectionner leur organisation militaire pèsent lourdement sur la génération actuelle, il n'y a rien à y faire. Celle d'entre les nations qui se relâcherait la première perdrait aussitôt sa situation, sa puissance et sa voie dans le concert européen. »

Et le baron Von der Goltz ajouta : « Cette nation seule jouira de la sécurité, qui se tiendra prête, en tout temps, à défendre son indépendance l'épée à la main. »

Que se passe-t-il donc, en France, depuis plusieurs années ? Qu'on lise attentivement les rapports de MM. Balluc, Laisant, Casimir-Perier, G. Cavaignac, Mérillon, sur le budget de la Guerre. On y trouvera la preuve officielle que des économies sont faites à jet continu sur les différents services. On réduit le contingent de 18,000 hommes, on retarde l'appel de la classe et devance son renvoi. On fait des économies de journées de présence et l'on a recours à tous les expédients.

En montrant dans quel état cette fièvre d'économie a mis l'armée, on doit signaler les inconvénients d'un pareil système, montrer que, lorsqu'il s'agit de la préparation à la guerre, il est essentiel de ne pas céder aux préjugés, encore moins aux instances des hommes politiques qui voudraient subordonner l'état militaire à leurs caprices.

Un mandat, obtenu dans des comices électoraux, ne suffit pas pour acquérir subitement les qualités nécessaires en vue d'assurer le fonctionnement des rouages d'une machine compliquée, dont l'augmentation, l'entretien et les dépenses sont discutés par des avocats, des industriels, des médecins, etc., etc.

Aussi ne comprend-on pas bien les raisons données par l'auteur de la *Guerre nécessaire* quand, pour pousser à la levée des boucliers, il parle du déficit du budget de la France. Si le *nerf de la guerre* n'est pas assuré, il est prudent de travailler à le constituer par le travail, que l'on ne peut obtenir que par une paix honorable, pendant laquelle se refera l'unité morale de la patrie.

Le bruit du canon, le crépitement de la fusillade, le cliquetis des sabres a toujours sonné agréablement à nos oreilles. Mais le temps n'a pas encore cicatrisé les blessures terribles de la dernière guerre. Aussi, pensons-nous qu'il faut réfléchir beaucoup avant de s'aventurer dans une lutte où des flots de sang cimenteront la chaux servant à élever solidement le monument funèbre de l'une des deux nations.

V

Une armée est une machine mobile. Cette armée, comme toutes les autres, est composée de différentes parties, et la perfection dépend de la bonne constitution de chacune de ces parties prise séparément et de leur bon arrangement entre elles. Leur objet commun doit être de réunir ces trois qualités essentielles : la force, l'agilité et une mobilité universelle. Si la combinaison de toutes les parties produit cet effet désiré, on peut dire que la machine est parfaite ; il faut bien prendre garde que l'une de ces propriétés ne s'augmente pas aux dépens de l'une des deux autres, mais qu'au contraire l'ensemble annonce une juste proportion.

Ces vérités, réduites à leur plus simple expression, ne paraissent pas avoir été bien comprises, jusqu'à ce jour, par ceux appelés à les appliquer et qui, quoi qu'ils disent, quoi qu'ils fassent, subissent les effets d'une illusion qui ne leur permet pas de combiner, de préparer, d'utiliser les éléments nécessaires à la grande œuvre de réorganisation militaire dont on attend la solution depuis longtemps.

On n'arrivera à ce résultat que le jour où l'on rejettera les doctrines que quelques novateurs cherchent à imposer au pays comme une sorte de végétation touffue et exotique pour laquelle notre sol n'est pas préparé.

Qu'on laisse surtout aux Allemands leur organisation qui, jusqu'à ce jour, semble avoir été notre seul guide, la cause indéniable de cette multitude de changements et de nouveautés si préjudiciables à la constitution de notre état militaire. Mais qu'on étudie leur histoire, ainsi que celle de tous les peuples conquérants ; on y trouvera un enseignement pour le présent, une leçon pour l'avenir.

Que le pays ne se laisse pas emballer par les généreuses tirades de la *Guerre nécessaire*. Elles ne sont pas d'actualité. On les relira à un moment donné.

VI

A la dernière page de sa brochure, M. Camille Dreyfus dit qu'il faut faire immédiatement la guerre « parce que la raison militaire nous le commande. »

Nous croyons que « l'heure historique » n'est pas venue, parce que l'on nous trouverait, comme on l'a déjà dit, en plein état de transformation à la suite de l'application de la loi du 15 juillet 1889 sur le recensement, de celle du 25 juillet 1887 sur l'augmentation des régiments de cavalerie, en présence du projet de loi apportant des modifications sérieuses au service d'état-major et des différentes propositions concernant le commandement, les cadres de la réserve et de l'armée territoriale, etc., la création d'une armée coloniale, etc.

La France se trouve dans d'excellentes conditions pour achever son œuvre de réorganisation militaire, faire face à toutes les éventualités qui pourraient se produire sur la frontière de l'Est. Mais, de là à mettre le sabre au clair à propos du traité de Francfort, des tarifs de douanes, questions dont le législateur et le gouvernement s'occupent en ce moment, il y a tout un monde. Cet appel sur la guerre est vraiment par trop économique et ressort plus du domaine du commerce et de l'industrie que de celui de l'attaque nationale.

Chaque citoyen doit avoir toujours sous les yeux les tables où l'allemand victorieux a gravé de la pointe de son épée ces trois mots :

SEDAN — METZ — PARIS

Sans jamais pouvoir effacer celui qui, depuis des siècles, au milieu des convulsions les plus terribles, est resté notre patrimoine : « Tout est perdu, fort l'honneur. »

Si l'on veut la guerre quand même, osera-t-on crier, comme en 1870, : « à Berlin? »

N'est-il pas plus sage d'engager chacun à travailler à la transformation du caractère de la nation pour le rendre viril, ferme dans le devoir, préparé aux sacrifices.

La grande leçon de 1870-71 ne peut-elle pas se résumer dans ce passage d'une lettre du général Trochu?

« Au temps des mirages de l'Empire, je me suis refusé à partager les admirations, surtout les admirations militaires qui transportaient le pays.

« Après les désastres qu'elles nous ont valus, et que j'avais annoncé, je me refuse à partager les colères et les haines qui succèdent aux admirations. Ce sont là des sentiments qui me paraissent très peu dignes.

« Ils n'ont pas d'autre objet que de faire retomber sur les victimes de la guerre des responsabilités qui appartiennent d'abord à ceux qui l'ont voulue, et ensuite à la nation toute entière qui a mieux aimé flatter l'Empire que de le contrôler et le contenir. Si elle avait eu l'âme assez haute et la perception morale assez claire pour faire carrément son *mea culpa*, elle serait, dès à présent sauvée. Mais, déjà, elle a trouvé, elle aussi des thuriféraires qui la rejettent dans les erreurs du passé ».

Si l'on osait prendre le style de saint Jean Chrysostôme, si l'on ne craignait pas de faire une réclame à la *Revue des Deux Mondes*, à propos d'un article paru dans la livraison du 1er juin sur « la prononciation du grec », on paraphraserait l'exorde de l'homélie en faveur d'Eutrope en disant : « Toujours, mais aujourd'hui plus que jamais, *vérité des vérités, tout n'est que vérité.* »

Avant 1870, on avait la légende brillante et éphémère des guerres heureuses. Depuis la paix, on a échafaudé une autre légende sur nos désastres afin de créer, dans l'esprit de la nation, des titres en l'honneur de ceux qui ont pris une part plus ou moins active à l'œuvre de la Défense nationale. Le danger est le même ; par tous les moyens on doit chercher à l'éviter et, tout en respectant la liberté de la pensée, on ne saurait trop s'élever contre la tendance de certains écrivains à vouloir se dresser sur un piédestal de patriotisme bâti sur l'ossuaire de la France.

Profitons donc de la publication de la *Guerre nécessaire* pour chercher à remettre en honneur les vrais principes de l'art de la guerre et les sentiments de dévouement et d'abnégation à la Patrie.

Au lieu de sonner la charge dans les brochures, de la battre dans les journaux, que l'on s'applique surtout à donner enfin de la stabilité à nos institutions militaires, les seules capables d'assurer la tranquillité dans le pays, de pouvoir repousser les injures, de défendre les lois, la religion et la liberté.

Qu'on cesse de s'agiter sans avancer, de transformer continuellement, de reprendre aujourd'hui ce que l'on avait condamné hier, d'abandonner de bonnes coutumes pour en préconiser de funestes. Dans l'Introduction de *La Réforme de l'Armée*, le général Lewal a dit, avec beaucoup de raison « on a beaucoup varié, on n'a pas progressé. Ces fréquentes imitations de choses, de formes ou d'idées, sans cesse qualifiées de progrès, ont produit précisément le contraire. »

L'éminent écrivain militaire publiait son étude en même temps que M. de Freycinet faisait paraître *La Guerre en Province*. Tous deux étaient dans le vrai, quand ils se plaignaient des transformations et des discussions continuelles dont l'armée était alors l'objet ; ils peuvent se rendre compte que l'on a énervé trop longtemps, depuis la guerre, cette grande institution dans une activité fébrile pour engendrer, trop souvent, l'instabilité et la confusion au lieu de la solidité et de l'ordre.

Qu'on se rappelle enfin que chaque heure de temps perdue est une chance de malheur pour l'avenir. Puis, entourant l'armée du respect auquel elle a droit, chacun pourra dire alors qu'il est en sûreté près de ses foyers, qu'il sent une barrière aux envahisseurs étrangers, une répression aux désordres intérieurs, une sanction aux traités, une force à la loi.

Alors, seulement alors, on pourra se demander si la guerre est nécessaire, sans oublier que les deux mots, les plus courts à prononcer, *oui* et *non*, sont ceux qui demandent le plus d'examen.

A M. Camille Dreyfus, pour le moment, nous répondons : Non.

Quant aux grandes colères, que sa brochure a soulevées au delà des Vosges, nous les prenons pour ce qu'elles valent et nous ne nous abaisserons pas à chercher à les calmer, parce que nous avons un énergique soutien dans le cœur, un principe tout puissant dans la conscience.

Notre dernier mot sera emprunté à M. Jules Simon : « La République, c'est la paix, l'ordre et la liberté. Et c'est aussi l'*Avenir* ».

Soucieux de la grandeur et de la dignité de la France, nous fermons la *Guerre nécessaire* sur cette pensée d'un écrivain, d'un philosophe qui honore les lettres et son pays.

Imprimerie du *Spectateur militaire*.
Paris. — Imprimerie H. Noirot, 22, rue de l'Abbaye.